BEI GRIN MACHT SICH IHR WISSEN BEZAHLT

Michael Maurer

Baukalkulation für eine Tiefbaumaßnahme

GRIN Verlag

Bibliografische Information der Deutschen Nationalbibliothek:

Die Deutsche Bibliothek verzeichnet diese Publikation in der Deutschen National-
bibliografie; detaillierte bibliografische Daten sind im Internet über http://dnb.d-
nb.de/ abrufbar.

Impressum:

Copyright © 2013 GRIN Verlag GmbH
Druck und Bindung: Books on Demand GmbH, Norderstedt Germany
ISBN: 978-3-656-51681-1

Dieses Buch bei GRIN:

http://www.grin.com/de/e-book/262701/baukalkulation-fuer-eine-tiefbaumassnahme

GRIN - Your knowledge has value

Der GRIN Verlag publiziert seit 1998 wissenschaftliche Arbeiten von Studenten, Hochschullehrern und anderen Akademikern als eBook und gedrucktes Buch. Die Verlagswebsite www.grin.com ist die ideale Plattform zur Veröffentlichung von Hausarbeiten, Abschlussarbeiten, wissenschaftlichen Aufsätzen, Dissertationen und Fachbüchern.

Besuchen Sie uns im Internet:

http://www.grin.com/

http://www.facebook.com/grincom

http://www.twitter.com/grin_com

Inhaltsverzeichnis

Tabellenverzeichnis

Symbolverzeichnis

$\cong$	entspricht etwa
AGK	Allgemeine Geschäftskosten
BGK	Baustellengemeinkosten
BGL	Baugeräteliste
EKT	Einzelkosten der Teilleistungen
h	Stunde
LNK	Lohnnebenkosten
LV	Leistungsverzeichnis
ML	Mittellohn
ML A	ML inkl. lohnbedingter Zuschläge
ML AS	ML A inkl. Lohnzusatzkosten
ML ASL	ML AS inkl. Lohnnebenkosten
p.a.	pro Jahr (per anno)
Std.	Stunde
WuG	Wagnis und Gewinn

Vorbemerkungen und Annahmen

Ausgangslage

Im Rahmen der Angebotskalkulation für eine Tiefbaumaßnahme sollen die Kosten für die Ausführung der Arbeiten kalkuliert und das Leistungsverzeichnis mit Einheitspreisen und Gesamtpreisen gefüllt werden.

Die Baumaßnahme umfasst die Herstellung einer Baugrube mit Verbauwand.

Für die Kalkulation sind folgende Schritte auszuführen

a) Ermittlung des Herstellmittellohns (MS ASL) für die vorgesehene Kolonne:

   2 Spezialfacharbeiter   14,50 €/h
   6 Facharbeiter   12,00 €/h
   2 Hilfsarbeiter   9,50 €/h

   Die Lohnzusatzkosten betragen 90%

   Wie werden die Kosten für den Polier (Gehaltskosten 7.000 €/Monat) kalkulatorisch berücksichtigt?

b) Bestimmung der Gerätekosten für den Bagger

   Leistung   120 kW
   Gewicht   19 t
   Tieflöffelinhalt 0,90 – 1,40 m³

   Neupreis   145.000 €
   Vorhaltezeit   55 Monate
   Nutzungsdauer   7 Jahre

   Der monatliche Satz für Reparaturkosten ist mit 1,5% anzusetzen.
   Die Lohnzusatzkosten betragen 90%

   Als kalkulatorischer Zinsfuß ist ein Wert von 6,0% p.a. anzusetzen

c) Kalkulation der Einzelpreise für folgende Positionen
   a. Lösen und Laden von Erdaushub   3000 m³
   b. Transport und Entsorgung des Aushubs   3000 m³
   c. Verbauwand (Trägerbohlwand)   800 m²

Zu beachtende Randbedingungen und Angaben:

- Für den Aushub und den Abtransport benötigt ein Bagger mit vier LKW insgesamt 85h (verteilt auf zwei Wochen – Überstunden?!)
- Die Miete für einen LKW beträgt 2.400 €/Monat und die Betriebsstoffkosten belaufen sich auf 1.500 €/Monat
- Die Deponiegebühren betragen 3 €/t Erdaushub (Wichte 2,4 t/m³)
- Auf der Baustelle wird ein Baucontainer inkl. WC aufgestellt. Dieser kostet 1.100 € für bis zu vier Wochen inkl. An- und Abtransport.
- Der Aufwand für die Herstellung der Trägerbohlwand beträgt sechs Mannwochen.
- Die Kosten für das Verbaumaterial (Träger und Bohlen) betragen 5.000 €.
- Für das Rammen der Bohlen liegt das Angebot eines Fremdleisters bei 1.000 €.
- Ihr Unternehmen kalkuliert mit Allgemeinen Geschäftskosten von 8% und mit Wagnis und Gewinn in Höhe von 3%.

Fehlende Angaben sind sinnvoll anzunehmen und zu begründen.

Annahmen

Im Rahmen der Aufgabenstellung werden die folgenden Annahmen getroffen:

* Die übliche Wochenarbeitszeit beträgt 40h ohne Nachtschicht, Wochenend und Feiertagsarbeit.
* Während der Ausführungsphase: keine gesetzlichen Feiertage.
* Bei einer zweiwöchigen Arbeitszeit von 85h fallen fünf Überstunden an.
* Das Bauunternehmen befindet sich in räumlicher Nähe (27 km) zum Bauvorhaben. Somit sind keine Auslösungen, Unterkunftskosten, usw. zu berücksichtigen. Die Fahrtkostenerstattung wird mit 0,30 €/km angenommen und ist bei 15 €/Tag gedeckelt.
* Es wird angenommen, dass der Bagger 0,18l pro kWh verbraucht und 20% Schmierstoffkosten benötigt.
* Die Kosten für einen Liter Diesel werden mit € 1,35 angenommen.
* Beträge werden sinnvoll gerundet.
* Der Mittellohn kann mit oder ohne Berücksichtigung des Poliergehaltes ermittelt werden → Aufgrund der Fragestellung (ML ASL) wird das Gehalt in die Betrachtung nicht einbezogen (ansonsten APSL).
* Die Mitarbeiter erhalten eine Stammarbeiterzulage.
* Die Mitarbeiter nehmen keine Vermögenswirksamen Leistungen in Anspruch.
* Weitere Annahmen erfolgen innerhalb des Gutachtens und werden als solche kenntlich gemacht.

Leistungsnachweis Baukalkulation

Projekt Baukalkulation

a) Ermittlung des Herstellmittellohn

Tabelle 1 – Berechnung des mittleren Gesamtlohn

Bezeichnung	Arbeitskräfte		GTL	Gesamt-Lohn
	gesamt	produktiv		
Spezialfacharbeiter	2	2	14,50	29,00
Facharbeiter	6	6	12,00	72,00
Hilfsarbeiter	2	2	9,50	19,00
Summe				120,00
ML (Summe / produktive Arbeitskräfte)				**12,00**

Tabelle 2 - Lohnbedingte Zuschläge

Bezeichnung	Faktor	Bezug	Menge	Betrag
Überstunden (Mehrarbeit)	25%	12,00 €	6,25% der Stunden	0,1875
Nachtarbeit	20%	12,00 €	0% der Stunden	0,00
Sonn- / Feiertagsarbeit	100%	12,00 €	0% der Stunden	0,00
Stammarbeiterzulage	10%	12,00 €	100% der Stunden	1,20
Erschwernis-Zulage	10%	12,00 €	25% der Stunden	0,30
Summe der lohnbedingten Zuschläge				1,6875

Tabelle 3 - Mittellohn ML A / AS

mittlerer Gesamtlohn (Gesamtlohn / produktive Arbeitskräfte)	12,00
Summe der lohnbedingten Zuschläge	1,6875
Mittellohn A (mittlerer Gesamtlohn plus lohnbedingte Zuschläge)	**13,6875**
Lohnzusatzkosten (90%)	12,3188
Mittellohn AS	**26,0063**

Tabelle 4: Lohnnebenkosten

	Bezeichnung	€ / AT	AT / Wo.	Summe	pro Std.
Lohnnebenkosten LNK	Fahrtkosten-erstattung[2]	15,00	5	75,00	$\dfrac{75\ €}{42,5\ h}$
	Verpflegungskosten-zuschuss[3]			0,00	
	Auslösung[4]			0,00	
	Unterkunftsgeld[4]			0,00	
	Reisevergütung			0,00	
	Freistellen			0,00	
Summe der Lohnnebenkosten				75,00	1,7647

Tabelle 5: Mittellohn ASL

Anteilige LNK pro Arbeitsstunde	1,7647
Mittellohn ASL	**27,7710**

Laut Aufgabenstellung wurden der Herstellmittellohn (ML ASL) gesucht.

ML   12,00 €/h

ASL   27,77 €/h

Die Kosten für den Polier werden in dieser Ausarbeitung als Gemeinkosten (BGK) betrachtet

---

[2] da $2 * 27\ km * 0,30\frac{€}{km} = 16,2\ € > 15\ €$ (gedeckelt).

[3] Abwesenheit weniger als 10h je Arbeitstag

[4] tägliche Rückkehr zum Wohnort bei 27 km Entfernung ist zumutbar

b) Ermittlung der Gerätekosten des Baggers[5]

Kalkulatorische Abschreibung und kalkulatorischer Zins

$$k = a + z = \frac{mittlerer\ Neuwert}{v} + \frac{p * n * mittlerer\ Neuwert}{2 * v}$$

$$\frac{145.000\ \text{€}}{55\ Monat[e]} + \frac{6\%}{100\%} * 7\ [Jahre] * \frac{145.000\ \text{€}}{2 * 55\ Monat[e]} = 3.190 \frac{\text{€}}{Monat}$$

Monatliche Reparaturkosten

mittlerer Neuwert x r [%] x (1 + 0,60 x 0,9)

$$145.000\ \text{€} * \frac{1,5\%}{100\%} * (1 + 0,6 * 0,9) = 3.349,50\ \text{€} \cong 3.350\ \text{€}$$

Kosten der Betriebs und Schmierstoffe

Bagger, bindiger Boden, Betriebsstunden 82,35% der 85 Einsatzstunden:
ergibt eine Betriebsdauer von

$$85\ h * \frac{82,35\%}{100\%} = 70\ h \quad \text{Betriebsstunden während der Bauzeit}$$

angenommene Energiekosten: 0,18 l/kWh
angenommene Schmierkosten: 20 % der Energiekosten

$$70\ h * 120\ kW * 0,18 \frac{l}{kWh} * \frac{100\% + 20\%}{100\%} * 1,35 \frac{\text{€}}{l} = 2.448,90\ \text{€} \cong 2.450\ \text{€}$$

Kosten für den An-/Ab-Transport des Baggers

Für den An- und Abtransport des Baggers von/zur Baustelle wird ein Tieflader
benötigt. Es wird ein Mietpreis von 80 €/h angenommen bei einem Zeitaufwand
von drei Stunden.

$$3h * 80 \frac{\text{€}}{h} = 240\ \text{€}$$

Diese Kosten fallen einmalig an, aufgrund der Bauzeit entfällt die Verteilung auf
mehrere Monate.

Aufsummiert

monatlicher kalkulatorischer Zins...3.190 €

monatliche Reparaturkosten ....3.350 €

monatliche Kosten für Betriebs- und Schmierstoffe............................2.450 €

(einmalige) Transportkosten ....240 €

Summe ....**9.230 €**

---

[5] Anstelle der mittleren Neuwerte laut BGL wird der angegebene Neupreis verwendet!

c) Kalkulation mit vorangegangener Daten

I. Lösen und Laden von Erdaushub

Personalkosten Erdaushub

85h x 27,771 €/h x 1 (Baggerfahrer) 2.361 €

Die Grenze zwischen „Lösen und Laden" sowie „Transport und Entsorgung" ist fließend.
Es wäre ebenfalls möglich, einen der vier LKW zu Lösen und Laden von Erdaushub zu verbuchen. Dann würden 25% der Personalkosten von „Transport und Entsorgung" hier abgerechnet werden.
Ohne Lösen und Laden kein Transport und Entsorgung – und umgekehrt.

Bagger

Kalkulatorischer Zins: $\dfrac{3.190\frac{€}{Monat}}{170\frac{h}{Monat}} * 85\ h = 1.595\ €$

Reparaturkosten: $\dfrac{3.350\frac{€}{Monat}}{170\frac{h}{Monat}} * 85h = 1.675\ €$

Betriebs- & Schmierstoffe: 2.450 €

An-/Ab-Transportkosten 240 €

Lösen und Laden von Erdaushub: 8.321 €

II. Transport und Entsorgung des Aushubes

Personalkosten Transport

85h x 27,771 €/h x 4 (vier LKW-Fahrer) 9.442 €

LKW

Mietkosten $\dfrac{2.400\frac{€}{Monat}}{170\frac{h}{Monat}} * 85\ h * 4\ [LKW] = 4.800\ €$

Betriebskosten $\dfrac{1.500\frac{€}{Monat}}{170\frac{h}{Monat}} * 85\ h * 4\ [LKW] = 3.000\ €$

Deponiekosten

$3.000\ m^3 * 2,4\ \dfrac{t}{m^3} * 3\ \dfrac{€}{t} = 21.600\ €$

Transport und Entsorgung des Aushubes 38.842 €

III. Verbauwand (Trägerbohlwand)

Materialkosten
Verbaumaterial   5.000 €

Rammen der Bohlen
Fremdfirma   1.000 €

Personalkosten Trägerbohlwand

$$6 \ [Mann]Woche[n] * 40 \ \frac{h}{Woche} * 27{,}771 \ \frac{€}{h} \cong 6.665 \ €$$

Verbauwand (Trägerbohlwand)   12.665 €

Umlagekalkulation

Die Umlagekalkulation wurde in der Aufgabenstellung nicht explizit gefordert, rundet das Bild jedoch ab und berücksichtigt zusätzliche Angaben (Polier und Baucontainer).

Einzelkosten der Teilleistungen (EKT)

Lohnkosten

Lösen und Laden von Erdaushub	2.361 €
Transport des Aushubes	9.442 €
Verbauwand	6.665 €
Summe Lohnkosten	**18.468 €**

Gerätekosten

Bagger	5.960 €
vier LKW	7.800 €
Summe Gerätekosten	**13.760 €**

Sonstige Kosten

Deponiegebühren	21.600 €
Verbaumaterial	5.000 €
Summe sonstige Kosten	**26.600 €**

Fremdleistungskosten

Rammen der Bohlen	1.000 €
Summe Fremdleistungskosten	**1.000 €**

Summe der EKT	**59.828 €**

Gemeinkosten (BGK)

Polier $\dfrac{7.000\ €*85\ h}{170\ h}$	3.500 €
Baucontainer mit WC, An- und Abtransport	1.100 €
Summe BGK	**4.600 €**

Herstellkosten

EKT	59.828 €
+ BGK	4.600 €
Herstellkosten	**64.428 €**

Selbstkosten

Herstellkosten	64.428 €
+ Allgemeine Geschäftskosten (8%)	5.154 €
Selbstkosten	**69.582 €**

Netto Angebotssumme

Selbstkosten	69.582 €
+ Wagnis und Gewinn (WuG) (3%)	2.087 €
Netto Angebotssumme	**71.669 €**

6. Geplante Durchführung der Unterweisung:

Lernphase	Geplante Lehrtätigkeit	Mögliche Fehler und Lernschwierigkeiten
1. Den Auszubildenden vorbereiten, motivieren	Es geht heute darum einen Tisch mit Öl zu behandeln. Hast du schon einmal Erfahrungen damit gemacht oder hast du noch nie etwas davon gehört? Dein Arbeitsplatz besteht bei dieser Unterweisung nur aus den Werkzeugen und Werkstoffen die du hier siehst, welche ich dir gleich erkläre. Außerdem solltest du beim Ölen von Hand unbedingt Handschuhe tragen. Ein Atemschutz wäre nur beim Auftrag mit Spritzgeräten erforderlich. Nach der Unterweisung kannst du selbstständig Oberflächen mit Öl veredeln.	
2. Vormachen und erklären	Steh am besten neben mir, dann kannst du dir die Bewegungen besser merken. Ich zeige dir jetzt zuerst in meinem Tempo, wie der Gesamtvorgang des Ölens funktioniert. Jetzt schau mir genau zu, denn ich zeige dir jetzt die entscheidenden Punkte und Arbeitsschritte noch mal langsam auf die du beim Ölen unbedingt achten musst. Das war der gesamte Vorgang des Ölens. Hast du noch irgendwelche Fragen oder hast du etwas nicht richtig verstanden?	Ich muss darauf achten, dass: - mein Arbeitstempo nicht zu schnell ist. - der Auszubildende alle Einzelschritte der Unterweisung versteht.
3. Nachmachen lassen	Jetzt kannst du mal versuchen das was ich dir beigebracht habe umzusetzen. Ich bin mir sicher, dass du das schaffst. Arbeite am Anfang nicht zu schnell, sondern lieber sehr genau. Das Arbeitstempo steigert sich mit der Zeit von alleine, die Qualität muss aber von Anfang an stimmen. Erkläre mir auch bitte, was du gerade machst und warum du es so machst.	Ich muss Florian auf grobe Fehler sofort hinweisen. Am Anfang sollte ich ihn aber nicht gleich bei kleineren Fehlern unterbrechen.
4. Üben und Festigen	Die andere Tischplatte kannst du jetzt selbstständig behandeln. Ich sehe mir deine Zwischenergebnisse und deine Technik immer wieder an. Du machst das schon sehr gut für den Anfang. Nächste Woche bei dem Großauftrag kannst du dann langsam dein Arbeitstempo steigern.	Ich muss speziell in dieser Phase darauf achten, dass sich bei Florian keine Fehler einschleichen, da sich diese nur sehr schwer wieder ausbessern lassen.

5. Methodische Überlegungen

Organisationsform:
Ich wende die Vier-Stufen-Methode an.
Dieses Thema in Kombination zum Lehrling eignet sich sehr gut dafür. Durch die
Geschicklichkeit und die hohe Eigenmotivation des Lehrlings reicht es bei Unterweisungen
meist aus den Arbeitschritt 1-2 Mal vorzumachen und zu erklären.
Florian kann danach selbstständig üben.
Durch die Vier-Stufen-Methode ist eine optimale Zielerreichung gewährleistet. Ich habe in
der Vergangenheit ausserdem gute Erfahrungen mit dieser Methode und dem Auszubildenden
gemacht.

Ausbildungsmittel:
Es wird die Tischplatte, welche als Träger des Oberflächenmaterials dient benötigt.
Außerdem werden als Werkzeuge ein 100mm breiter Pinsel, ein Behältnis für das Öl sowie
Baumwolltücher und das Holzöl selbst benötigt.
Dies sind im Alltag die Grundwerkzeuge und Mittel, die zum Ölen von Oberflächen mit der
Hand benötigt werden.

Lernumgebung und Lernzeit:
Die Unterweisung findet im gut belüfteten und ausgeleuchteten Lackier-und Spritzraum am
15.1.2006 um 11:00 Uhr nach der Frühstückspause statt, da der Auszubildende Florian, wie
die meisten Menschen, um diese Zeit eine höhere Aufnahmefähigkeit aufweist. Der Lackier-
und Spritzraum ist zur Zeit nicht belegt und diese Unterweisung stört somit nicht den
Betriebsablauf. Die Raumtemperatur beträgt zum Arbeiten angenehme 22 Grad.
Die Unterweisung wird ohne die Wartezeiten des Trocknens zwischen 45 und 60 Minuten
dauern. Eine Pause zwischendurch ist nicht vorgesehen, da der Auszubildende bei den
Unterweisungen nie eine Pause machen möchte und lieber durchgehend an seiner
Unterweisung arbeitet und übt. Die Tischplatte und der Arbeitsplatz sind schon vorbereitet.
In unserem Betrieb läuft ab dem 16.1.2006 die Produktion einer größeren Menge Tische in
Fichte (FI) für ein Gasthaus an. Der bei der Unterweisung mit Öl behandelte Tisch ist so
zusagen ein Prototyp. Der Auszubildende Florian hat somit die Möglichkeit, das bei der
Unterweisung Erlernte direkt beim nächsten Kundenauftrag umzusetzen.

Erfolgskontrolle:
Der Auszubildende hat nach der Unterweisung die Tischplatte in Fichte (FI) geölt und poliert.
Nachdem er selbst die Platte fertig poliert hat, kann ich schon das Endergebnis seiner Arbeit
sehen und beurteilen.
Etwa eine Woche später ist die Tischserie in Fichte (FI) für das Gasthaus soweit für die
Oberflächenveredelung vorbereitet, dass der Auszubildende Florian beginnen kann die
Oberflächenbehandlung selbstständig durchzuführen.
Das Endergebnis wird dann immer wieder kontrolliert und der Auszubildende kann somit
selbst seinen Fortschritt und seine Ergebnisse erkennen und diese auch gegebenenfalls
verändern oder verbessern.

4. Didaktische Überlegungen:

Lernziel der heutigen Unterweisung

Der Auszubildende ist nach der Unterweisung in der Lage mit dem Pinsel und dem Oberflächenmaterial selbstständig Flächen aller Art mit Öl zu behandeln.

Komponenten der Qualifikation

Kognitiver Lernbereich:
Der Auszubildende soll die einzelnen Arbeitsschritte in der richtigen Reihenfolge kennen und nennen können. Er soll die Sicherheitsvorschriften und die Gefahren erläutern können.

Affektiver Lernbereich:
Der Auszubildende soll ordentlich und genau mit seinen Arbeitsmitteln umgehen und diese einteilen. Er soll gewissenhaft die Übung umsetzen und dabei auch die Sicherheitsvorschriften beachten.

Psychomotorischer Lernbereich:
Der Auszubildende kann aus der Unterweisung Flächen und Kanten eines Tisches mit dem Pinsel und Universal Hartöl in zwei Aufträgen behandeln, den Überschuss mit Tüchern abnehmen und abschließend von Hand polieren.

Nach der Unterweisung ist der Auszubildende also dazu in der Lage die Tischplatte in Fichte (FI) mit den dafür vorgesehenen Werkzeugen (Pinsel, Behältnis, Baumwolltücher), Werkstoffen (Universal Hartöl) und Sicherheitsvorkehrungen (Handschuhe) zwei mal zu ölen, dazwischen den Überschuss abzunehmen und die Tischplatte abschließend von Hand zu polieren.
Dem Auszubildenden stehen 45 Minuten reine Arbeitszeit zur Verfügung um eine streifenfreie, saubere, und gleichmäßig geölte Holzoberfläche zu erreichen.

Reihenfolge der Lernziele:

Die letzte Unterweisung bezog sich darauf Teile und Erzeugnisse auf die Oberflächenveredelung durch Schleifen vorzubereiten.
Die heutige Unterweisung behandelt das Auftragen des Oberflächenmaterials bis zum Abschluss der Oberflächenbehandlung und die nächste Unterweisung umfasst das Reinigen und Pflegen der Arbeitsgeräte.
Der Auszubildende wird vor den Unterweisungen immer wieder über die Unfallverhütungs- Umweltschutz- und Sicherheitsvorschriften unterrichtet.
Ich habe diese zeitliche Abfolge der Unterweisungen gewählt, da sich diese sehr auf die Realität bezieht. Außerdem ist es sinnvoll, den Arbeitsgang vom Schleifen, über die Behandlung, bis zum Reinigen der Geräte in drei Teile zu zergliedern.

	in Richtung des Faserverlaufs des Holzes gleichmäßig abgetragen. Nach bearbeiten der gesamten Fläche darf sich auf der Holzoberfläche keinesfalls noch flüssiges Öl befinden. Es muss ein gleichmäßiges, glattes Holzbild ohne Streifen und Spritzer entstanden sein.	eindringen kann um es vor den späteren Gebrauchsspuren zu schützen. Die Oberfläche muss hier sehr sauber abgerieben werden, da das Öl aushärtet und sich dann Spritzer oder Streifen nicht mehr entfernen lassen.
4. Zwischenschliff	Frühestens 12 Stunden später wird mit einem Schleifklotz und einem feinen Schleifpapier der Körnung 320 die Fläche geschliffen. Hierbei soll die bereits geölte Oberfläche nur leicht angeschliffen werden. Dazu wird der Schleifklotz mit dem Schleifpapier mit leichtem Druck in Faserverlauf über die Tischplatte geführt.	Die Wartezeit ist nötig, damit das Öl trocknen und härten kann. Der Zwischenschliff dient dazu, die Oberfläche gleichmäßig aufzurauen um ein gleichmäßiges eindringen des 2. Ölauftrags zu garantieren und um die Oberfläche noch feiner und glatter zu gestalten. Es muss in Faserverlauf geschliffen werden, da sonst deutliche Schleifspuren sichtbar werden.
5. Entfernen des Schleistaubes	Anschließend wird die Fläche mit einem Staubsauger und einem weichen, sauberen Bürstenaufsatz von dem entstandenen Schleifstaub befreit und so für den nächsten Ölauftrag vorbereitet. Wieder auf behandeln in Faserverlauf achten um Kratzer und Streifen zu vermeiden.	Um die Holzporen von dem Schleifstaub zu befreien um überhaupt Oberflächenmaterial aufnehmen zu können wird die Oberfläche abgesaugt.
6. Zweiter Ölauftrag	Hier werden die Arbeitsschritte 1 und 2 wiederholt. Es ist jedoch weniger Öl zum Auftragen nötig, da das Holz beim zweiten Auftrag nicht mehr so viel aufnehmen kann wie beim ersten.	Die Holzporen sind schon weitgehend gesättigt und können deshalb nicht mehr viel Oberflächenmaterial aufnehmen.
7. Abtragen des Überschusses	Dem Holz muss nun zwischen dem Auftragen und Abreiben des Überschusses mehr Zeit gegeben werden das Öl aufzunehmen, da dies nicht mehr so schnell geschieht wie beim ersten Auftrag. Dies ist auch temperaturabhängig und liegt etwa im Bereich von 40 Minuten bis zu einer Stunde.	Es muss dem Holz mehr Zeit gegeben werden, da die Holzporen bereits vom ersten Auftrag mit Öl gefüllt sind und das Öl des zweiten Auftrages nun nicht mehr so schnell aufnehmen können.
8. Polieren	Nun wird die Oberfläche mit einem Baumwolltuch poliert. Dazu wird das Tuch zu einem Ballen geformt. Jetzt wird dieses mit kräftigem Druck und langen Bewegungen über die Oberfläche geführt. Zuerst wieder kreisförmig und zum Schluss in Richtung Faserverlauf.	Man poliert die Oberfläche um diese zu glätten und einen schönen Glanz zu erreichen.

Die Oberflächenbehandlung mit Öl wird heutzutage sehr oft auf nahezu allen Holzoberflächen von Möbeln, aber auch im Innenausbau auf Fußböden, Wand- und Deckenverkleidungen angewendet.
Öl gibt dem behandelten Holz einen wärmeren, angenehmen Farbton und ein natürlicheres Aussehen als zum Beispiel eine Lackoberfläche.
Wegen der häufigen Anwendung in vielen Bereichen ist es für den Auszubildenden sehr wichtig dieses Thema ausführlich zu behandeln und die Arbeitsschritte zu beherrschen.

Unfallgefahren:
Vor dem Kontakt mit dem Oberflächenmaterial sollten unbedingt Handschuhe angezogen werden. Ein Atemschutz ist nicht notwendig, da mit dem Pinsel gearbeitet wird.
Hierbei entsteht kein „Nebel" wie bei dem Auftragen mit beispielsweise einer Becherpistole.
Bei diesem Ölauftrag werden auch keine giftigen, lösemittelhaltigen Dämpfe frei, wie beim lackieren einer Oberfläche mit dem Pinsel oder der Rolle.
Die Baumwolltücher, die zum Abreiben des Überschusses verwendet wurden müssen in gut belüfteten Verhältnissen und in ausgebreitetem Zustand trocknen. Sonst besteht Selbstentzündungsgefahr!

3. Arbeitszergliederung:

WAS	WIE	WARUM
1. Öl aufnehmen	Der 100mm breite Pinsel für den Ölauftrag wird in das Behältnis mit Öl eingetaucht, damit er sich mit dem Oberflächenmaterial voll saugen kann. Zu viel Öl im Pinsel kann nun an der Behältniskante abgestreift werden.	Für die Tischplatte wird ein breiter Pinsel gewählt, da eine große Fläche bestrichen werden muss. Man sollte den Überschuss abstreifen, um Tropfen auf der Oberfläche zu vermeiden.
2. Erster Ölauftrag	Man beginnt bei dem Auftragen des Öles an den Tischkanten und bestreicht anschließend die Tischfläche. Der Pinsel sollte leicht und locker in der Hand liegen um eine optimale Streichbewegung zu gewährleisten. Der Pinsel wird nun auf die Oberfläche aufgesetzt und man beginnt in fließenden „hin-und-her" Bewegungen das Öl auf die Oberfläche immer in Laufrichtung des Holzes (Faserverlauf) aufzutragen. Wenn das Öl im Pinsel zur Neige geht wiederholt man den 1. Schritt und fährt anschließend mit dem auftragen fort, bis die gesamte Oberfläche gleichmäßig behandelt ist.	Die Haltung und Führung des Pinsels ist von entscheidender Bedeutung, da sonst Fehler auftreten, wie z.B. Spritzer auf der Oberfläche, die zu bleibenden Flecken führen können. Deshalb muss auch immer an den Kanten von Flächen begonnen werden, von denen aus man sich gleichmäßig über die Fläche vorarbeitet, da ein zu langes Warten an einzelnen Stellen zu Farbunterschieden und Streifen führt.
3. Abtragen des Überschusses	Nachdem das Holz etwa 20 Minuten Zeit hatte das Öl aufzunehmen wird der verbleibende Ölüberschuss nun mit einem Baumwolltuch zuerst in kreisförmigen Bewegungen und dann	Dem Holz muss Zeit gegeben werden um das Oberflächenmaterial aufzunehmen, da das Öl sonst nicht weit genug in das Holz

Thema der Unterweisung:

Behandeln einer Holzoberfläche mit Öl

1. Beschreibung des Lehrlings

Florian ist 19 Jahre alt, wohnt in Bad Waldsee und befindet sich in der 23. Woche des 2. Ausbildungsjahres. Ein 3-wöchiges Praktikum vor Beginn der Ausbildung in unserem Betrieb (Schreinerei P.), das sehr positiv verlief weckte hohes Interesse und Motivation an diesem Handwerksberuf woraufhin Florian beschloss die Ausbildung bei uns zu beginnen.

Vor Beginn der Ausbildung besuchte Florian die Realschule in Bad Waldsee, die er mit dem Realschulabschluss beendet hat.
Seine Lieblingsfächer dort waren Mathematik, Deutsch, Naturwissenschaften und Technik.

In seiner Freizeit engagiert er sich aktiv im Modellbauclub Bad Waldsee, spielt Fußball im Verein und liest gerne Fachbücher und Zeitschriften.

Florian wuchs in sicheren, stabil familiären Verhältnissen auf und hat einen jüngeren Bruder. Er hat einen großen Freundeskreis und es fällt ihm daher leicht Kontakte zu knüpfen.

Ich bin mit dem Auszubildenden Florian sehr zufrieden. Er ist ein aufgeweckter Junge mit einem guten Auffassungsvermögen und hohem technischen Verständnis.
Aufgrund seines Interesses an diesem Beruf hat er eine hohe Eigenmotivation. Die ihm neu vermittelten Kenntnisse im Betrieb, aber auch in der Berufsschule nimmt er dadurch schnell auf und kann diese auch gezielt umsetzen.

Meine Mitarbeiter und ich verstehen uns sehr gut mit Florian.

2. Beschreibung des Themas

Das Thema umfasst das Veredeln von Holzoberflächen, das sich im Ausbildungsrahmenplan unter dem §4 Nr.15 wiederfindet.
Teilthemen sind: - Maßnahmen für die Sicherheit, Gesundheits-und Umweltschutz
                            - Teile und Erzeugnisse vorbereiten und vorbehandeln
                            - Beschichtungsmaterialen auftragen (verarbeiten)
                            - Arbeitsgeräte reinigen und pflegen
Das Unterweisungsthema ist der Teilschritt der eigentlichen Oberflächenbehandlung.

Es geht darum, auf eine Tischplatte aus Fichte (FI), die bereits vorbereitet ist das Oberflächenmaterial (Universal Hartöl) gleichmäßig mit dem Pinsel aufzutragen und die Behandlung durch das Abtragen des Überschusses, sowie das polieren von Hand abzuschließen.

Unterweisungsentwurf:

Zuständige Stelle: Handwerkskammer Aachen

Prüfungsnummer:

Name des Prüfungsteilnehmers:

Anschrift:

Ausbildungsberuf: Schreiner / Tischler

Thema der Unterweisung: Behandlung einer Holzoberfläche mit Öl

Das Thema ist unter folgendem Punkt (§) im Ausbildungsrahmenplan einzuordnen:

§ 4 Nr. 15 (Veredeln von Oberflächen)

Anzahl der Lehrlinge während der Unterweisung: 1   und derzeitiges Lehrjahr: 2

Die Nachfolgende Beschreibung der Unterweisung umfasst 6 Seiten.

Ich erkläre, dass ich diesen Unterweisungsentwurf selbstständig gestaltet habe.

| (Ort) | (Datum) | (Unterschrift) |

GRIN - Your knowledge has value

Der GRIN Verlag publiziert seit 1998 wissenschaftliche Arbeiten von Studenten, Hochschullehrern und anderen Akademikern als eBook und gedrucktes Buch. Die Verlagswebsite www.grin.com ist die ideale Plattform zur Veröffentlichung von Hausarbeiten, Abschlussarbeiten, wissenschaftlichen Aufsätzen, Dissertationen und Fachbüchern.

Besuchen Sie uns im Internet:

http://www.grin.com/

http://www.facebook.com/grincom

http://www.twitter.com/grin_com

Philipp Kronen

Behandeln einer Holzoberfläche mit Öl (Unterweisung Schreiner / Tischler / -in)

GRIN Verlag

Bibliografische Information der Deutschen Nationalbibliothek:

Die Deutsche Bibliothek verzeichnet diese Publikation in der Deutschen National-bibliografie; detaillierte bibliografische Daten sind im Internet über http://dnb.d-nb.de/ abrufbar.

Impressum:

Copyright © 2006 GRIN Verlag, Open Publishing GmbH
Druck und Bindung: Books on Demand GmbH, Norderstedt Germany
ISBN: 9783656561491

Dieses Buch bei GRIN:

http://www.grin.com/de/e-book/53199/behandeln-einer-holzoberflaeche-mit-oel-unterweisung-schreiner-tischler

BEI GRIN MACHT SICH IHR WISSEN BEZAHLT

- Wir veröffentlichen Ihre Hausarbeit, Bachelor- und Masterarbeit

- Ihr eigenes eBook und Buch - weltweit in allen wichtigen Shops

- Verdienen Sie an jedem Verkauf

Jetzt bei www.GRIN.com hochladen und kostenlos publizieren